Le petit mercure

Collection créée par Colline Faure-Poirée

Françoise Dolto

Parler de la mort

Mercure de France

Document de couverture :
D'après photo © De Andrade/A.N.A

ISBN 978-2-7152-2094-2

Le 16 octobre 1985, Françoise Dolto prononçait une conférence à l'E.P.C.I. (École de propédeutique à la connaissance de l'inconscient). Le texte qui suit a été établi par Muriel Djéribi-Valentin, psychanalyste, à partir de la transcription de Denise Ackerman et de l'enregistrement de cette conférence.

Je dois dire que je suis très étonnée ! Je ne connais pas un mot de plus que vous sur la mort, et vous venez m'écouter comme si je savais quelque chose. Je crois que Mannoni a raison[1] : c'est pour que nous parlions ensemble de ce qui nous paraît bon pour les autres, mais pas pour nous-mêmes.

Je crois qu'on a raison de penser que la mort n'est pas un événement. Ce n'est pas un événement que nous avons à vivre, nous ne le vivrons jamais, pas plus que nous n'avons vécu notre naissance. Ce sont les autres qui nous ont vu naître. Nous, nous avons simplement continué depuis le jour de la conception, où nous avons trouvé qu'un couple prenait son pied d'une manière qui n'autorisait qu'une chose, de se faire déranger par notre présence ; et nous nous sommes mêlés à ce duo pour faire, à leur insu, irruption dans leur bonheur. Eh bien, ce jour-là, nous avons été conçus mais nous ne le savions même pas, bien que ce soit notre désir inconscient qui nous a fait nous y mettre, dans cette réunion des gamètes maternelles et paternelles. Puis, ça a été la surprise de notre mère de s'apercevoir que, comme on le dit si joliment : « Je suis prise après avoir été éprise. » Ensuite, ce sont les autres qui nous ont vu naître ; nous, nous avons, comme je vous le disais tout à l'heure, simplement souffert une mort : le fœtus est mort[2], mais les autres, nos parents, les gens qui nous ont aidés à notre naissance, et qui appellent cela une naissance, ils sont tout heureux ; mais du fœtus ou du placenta, qui est le plus malheureux ? Pour un enfant, son placenta, c'est une partie de lui-même, et cette partition peut être mortifère. L'expérience de la naissance, qui est la première émergence de l'expérience de la mort[3], vue par les autres, cela s'appelle : « naître ».

Il y a cela, et puis il y a, à la fin de ce qu'on appelle une vie – puisque nous appelons une vie celle qui se passe dans le temps et dans l'espace, avec le corps qui est resté le même pour les témoins –, le fait que ce sont les autres qui diront : « il est mort », « elle est morte ». Mais nous, nous ne nous en douterons même pas ! Nous aurons peut-être eu le temps de souffrir de la décrépitude, de la menace de la fin des échanges, et de l'affabulation de ce qui pourra se passer si nous n'avons plus part du tout à la responsabilité des vivants. Mais la mort, c'est l'affaire des autres, ce n'est pas la nôtre. Et je crois que c'est pour cela que nous parlons toujours de la mort sans y croire, bien que nous sachions tous qu'elle donne sens à notre vie, et que si elle n'était pas au bout, nous ne saurions même pas que nous sommes vivants !

C'est très important la mort, et ce qu'il y a de plus curieux, c'est que pour l'inconscient, il n'y en a pas. Et cela, je peux vous le dire parce que j'ai eu l'opportunité et l'honneur d'accompagner des collègues de travail dans la mort, qu'ils ignoraient. Ils se savaient très malades, espéraient guérir et jamais une seule fois, dans l'assistance analytique à ces personnes, le fantasme de la mort n'est venu, justement parce que c'était en analyse, que c'était dans le transfert, et que si quelque chose venait, c'était la mienne, ma mort, mais ce n'était pas la leur. C'est très intéressant de voir que dans l'inconscient, la mort n'existe pas et je pense que ce n'est qu'un artefact d'imagination qui nous fait fantasmer justement la mort, c'est-à-dire, avoir de la mort des représentations de ce qui accompagne l'après-vie des êtres que nous avons vus vivants, que ce soit des êtres humains ou des animaux.

L'hypnose et les états de mort apparente

Comment les enfants parlent-ils de la mort ? Ils en parlent très tôt, et il faut leur en parler très tôt. Ils en parlent le plus souvent à partir de la mort des animaux. Vous connaissez tous des enfants qui, quand ils découvrent la mort – « Il ne bouge plus ! » et qu'on leur dit : « Il est mort. » – « Qu'est-ce que ça veut dire ? » –, posent des questions, et nous ne savons pas répondre. Nous pouvons leur dire simplement que nous ne savons pas pourquoi cet événement est arrivé, qui fait que cet animal ne peut plus se mouvoir, ni avoir d'échanges avec le monde qui l'entoure.

Or, pour un enfant – et même pour nous –, à première vue, quand il voit un animal hypnotisé, par exemple, rien ne lui dit qu'il n'est pas mort, et en effet il est en « chemin de mort », car si son hypnotiseur ne le retourne pas pour lui redonner la sensation de son corps, qu'il connaît en mouvement, eh bien il dessèchera jusqu'à mourir dans la position dans laquelle il a été mis. Ce n'est pas difficile d'hypnotiser un animal ; je l'ai vu faire plusieurs fois par Chertok[4], un psychanalyste qui s'est occupé beaucoup de l'hypnose. Des langoustes, ça s'hypnotise comme ça ; des crevettes, c'est un peu plus difficile... mais les langoustes, les lapins, les poules, les coqs, tous les animaux domestiques – et c'est assez curieux d'ailleurs –, il suffit de les faire passer sans médiation, de façon brusque, de la position qui est la leur dans la vie, à une position totalement différente. Par exemple, une langouste, il la prend, elle est là, bien vivante avec ses pattes, et toc, il la retourne, elle est étalée, absolument comme sur l'étal du marchand, elle paraît morte, et s'il s'en va et revient deux heures après, elle est toujours dans la même position, en état catatonique[5] ; pour lui faire retrouver la vie, il suffit de la prendre et, lentement, de lui faire retrouver ses pattes, c'est-à-dire – comme j'ose dire – son « image du corps », avec un schéma corporel[6] habituel, et qui a les références habituelles de ce schéma corporel. Un lapin, une poule, c'est exactement pareil, c'est le retournement brusque : passer d'une position du corps à une autre, à laquelle l'animal ne pourrait pas arriver tout seul, et qui lui tombe dessus comme si le Réel[7], un Dieu, arrivait et le mettait dans une position à laquelle, jamais de sa vie, il n'aurait pu arriver. C'est tout de même intéressant parce que nous ne savons pas ce que ressent un animal. Mais lorsqu'il est resté longtemps en état d'hypnose, il n'est absolument pas ankylosé, immédiatement il court comme s'il était tout à fait dans l'excitation de la vie, comme si de rien n'était. Or il a été pour nous en mort apparente, pendant deux, trois ou quatre heures, et il serait mort, en effet, si quelqu'un n'était pas venu l'en sortir, car on peut, par hypnose, non pas faire mourir, mais mettre dans une situation de tellement pas d'échange que cet animal meurt de dormir, meurt de ne pas avoir d'échange car tout s'arrête, y compris la défécation, sauf une respiration minimale qui doit continuer.

C'est d'ailleurs ce que font certains yogis dont on entend les histoires, qui se mettent dans ces états de mort apparente pour les autres, mais dont l'électro-encéphalogramme et l'électro-cardiogramme présentent le rythme de base. Le rythme de base demeure, c'est-à-dire que le muscle cardiaque continue de vivre, bien qu'il n'y ait plus aucune pulsation. Thérèse Brosse a étudié ces phénomènes[8]. Or, pour les gens, ils sont morts et ils ressuscitent ! Non ! Ils ont été dans une mort hypnotique, ils se sont hypnotisés eux-mêmes par les exercices préalables qui les ont préparés à réduire au minimum les échanges, pour que le minimum d'un schéma corporel puisse survivre ; ils perdent beaucoup de kilos en très peu de temps ; quelquefois, ils restent un mois dans cette situation et perdent du poids, mais ils ont arrêté tous les échanges du tube digestif et leur circulation est très ralentie.

Je vous parle de phénomènes qui sont, pour

nous, les témoins, des états de mort apparente, mais quand une personne sort de cet état, elle n'a aucun souvenir, même pas de rêve. Si l'on assiste quelqu'un à être catatonique – mais je ne l'ai pas fait, et je ne l'ai pas vu faire –, il paraît qu'il n'a aucun souvenir, et ça ne m'étonne pas car, en effet, les animaux que j'ai vus n'avaient visiblement aucune marque ; ils étaient immédiatement dans la vie de relation la plus parfaite, alors qu'on aurait pu penser que, quand on a été immobilisé dans une boîte pendant quelques heures, on est rouillé, qu'il faut s'étirer. Les animaux sont soumis, comme nous, à un système nerveux, ils ont des articulations et des muscles. Donc, ce n'est pas la mort, c'est un état tout différent qui peut nous habiter tous, en même temps que nous sommes vivants, et cet état qui est imposé à un être par une autre personne, est quelque chose qui est compatible avec la survie.

La mort, c'est justement la perte totale des échanges, et c'est surtout la « décréation ». Ce n'est pas la stagnation dans la vie, comme ces morts apparentes, c'est la décréation et le commencement de la décomposition, de la corruption du corps par le fait de la vie des autres organismes qui profitent, pour vivre, d'un organisme qui lui, ne se défend plus et n'a plus d'échanges. Ceci, c'est le fait des autres. Nous, nous ne le verrons jamais !

Les mutilations et la « sublimation »

Alors, qu'avons-nous comme expérience de la mort ? Nous n'avons que les fantasmes, que des sentiments par rapport aux personnes que nous avons aimées, ou par rapport à nous-même que nous aimons. Nous l'avons par exemple en vieillissant, c'est le commencement de la mort de voir une partie du corps qui s'en va : on perd ses dents, on perd ses cheveux ; ne parlons pas de la perte irréparable, quand il faut faire le deuil d'un membre parce qu'on a été mutilé après un accident, par exemple. Eh bien, tout ceci est vivable par les gens qui le vivent. C'est douloureux mais c'est vivable, et ils n'ont pas du tout l'impression qu'ils sont morts. Ils ont perdu un membre et ils sont encore plus vivants après. Ils souffrent, ils se sentent infirmes, diminués dans la facilité des échanges, dans leur motricité, mais l'essentiel d'eux est toujours là. Donc l'essentiel demeure après les catatonies, les hypnoses les plus prolongées et après les mutilations, sauf si on divise le corps au point de séparer la tête du corps, dans la décapitation.

J'ai eu des témoignages de personnes qui ont perdu les quatre membres dans les bombardements, et qui en sont restées des hommes et des femmes-troncs ; ils ont totalement le sentiment de l'existence ; ils se sentent mutilés mais ils n'ont absolument rien en eux qui a l'impression de la mort, peut-être même au contraire. Ils le disent dans des documents, et ils ont d'ailleurs des sublimations étonnantes. J'ai vu un document sur un garçon de Hambourg qui avait été sous les bombardements de cette ville pendant la guerre. Il était garçon boucher avant l'événement, et il est devenu manchot en même temps qu'il perdait les jambes. En trois semaines, un mois de temps à l'hôpital, en guérissant des cicatrices de ses mutilations et en survivant, il est devenu un très grand mathématicien, en même temps qu'il perdait la vue. Je ne sais pas comment. Il racontait que, heureusement, avant de perdre la vue, il avait emmagasiné des formules parce que ça l'intéressait ; puisqu'il ne pouvait plus rien faire de ses mains, il n'avait plus que les yeux, et il lisait beaucoup. Il s'était intéressé aux mathématiques et il a continué les mathématiques. C'est extraordinaire quand on pense qu'il ne pouvait pas faire de braille – il n'avait que ses yeux et il était en train de les perdre quand on écrivait l'article –, et il disait : « C'est formidable parce que je crois que j'ai assez emmagasiné de mathématiques pour pouvoir les continuer, il me suffit qu'on me parle ». Il avait la parole avec les mathématiciens.

Toutes ces choses qui ne sont pas la mort, bien sûr, sont pour nous une façon d'aborder des documents sur des personnes qui ont vécu des drames de séparation, de séparativité de parties de leur corps. Elles nous montrent que ces mutilations peuvent être supportées avec une réalité vécue de plus grande puissance qu'avant, autrement manifestée.

Vous savez que nous avons fondé une petite maison, la Maison verte[9], où des enfants viennent se socialiser, en présence de leurs parents, avant d'aller en crèche, en garderie ou à l'école. Une maman était venue pendant les derniers jours de sa grossesse, et elle a eu la douleur de mettre au monde un enfant qui n'avait qu'un doigt à une main. Cela a été dramatique pour tout le monde. Naturellement, on l'a aidée et cet enfant est tellement beau, marchant superbement à neuf mois, à dix mois déjà acrobate, et d'une adresse, avec une main – la main gauche – et un seul doigt à la main droite, que n'a aucun enfant de douze mois. Quelle surcompensation chez cet enfant, à qui nous avons parlé, dès les premiers jours de sa vie, de sa mutilation et de la douleur de sa mère qui sanglotait constamment à côté de lui, et qui courait de chirurgien en chirurgien pour essayer de se faire dire qu'on pourrait greffer des doigts à son enfant ! Tout ce que nous disions à cet enfant, on dirait qu'il l'a tellement entendu, que maintenant sa mère est fière de lui, car aucun enfant de la Maison verte n'a été aussi beau, aussi fort, aussi habile du point de vue de son corps dans sa motricité, aussi intelligent dans les relations sociales que cet enfant de quinze mois, seize mois.

Les surcompensations à des épreuves de mutilations, nous pouvons les comprendre, en théorie – puisque la Maison verte est un endroit où l'on parle de psychanalyse –, nous pouvons les comprendre comme des castrations qui rendent l'individu encore plus riche symboliquement qu'avant. Ce n'est pas un besoin d'avoir notre corps entier, il se trouve qu'il est aussi la médiation de nos relations symboliques. Ce n'est pas du tout la même chose que si le corps était tout de nous. Le corps n'est pas tout de nous. Nous ne pouvons appréhender cette vérité que quand nous sommes en présence de gens qui ont perdu des fonctions, des parties d'eux-mêmes, et pas seulement des adultes. Mais un enfant, si quelqu'un qui est crédible lui parle de son infirmité, lui en parle à sa personne – nous ne savons pas ce que c'est –, sa personne sublime au sens psychanalytique, qui dépasse les satisfactions qu'un corps aurait pu avoir s'il en avait eu la masse et le fonctionnement, c'est-à-dire le schéma corporel, eh bien cet enfant arrive à vivre son image du corps d'une façon symbolique, et autrement.

Ce garçon boucher, qui avait perdu l'usage de

la motricité, l'usage de ses mains, s'est mis à manipuler, à disséquer avec son intelligence ce qu'il lisait, les signes symboliques qu'il lisait et qui ont fait de lui le mathématicien qu'il était déjà. Perdant la vue, il était déjà un mathématicien de valeur, il avait fait sa communication à l'Académie scientifique de mathématiques.

Je ne sais pas ce qu'il est devenu parce que, évidemment, un organisme mutilé souffre d'hypertension circulatoire et il peut en mourir. Ça, c'est autre chose, c'est le côté spécimen de l'espèce, qui n'est pas faite pour vivre mutilée à ce point. Mais si nous parlons de ce qu'est cette personne, sa vie symbolique, sa vie de relation avec les autres, aucune de ces mutilations, aucune de ces pertes, aucune de ces séparativités de parties du corps, qui paraissait indispensable aux autres, ne rend impossible de transmuer sur un autre niveau, que nous appelons « sublimation », les mêmes pulsions. Elles sont utilisées autrement et encore plus, dans la communication et dans la créativité.

La volupté et la mort

Le placenta fait tellement partie du fœtus que, au départ de la vie, c'est la sensation d'asphyxie imminente qui lui fait déclencher le travail de l'utérus pour l'expulsion. Et si la naissance, pour nous tous, a suivi cette menace d'asphyxie, je crois que c'est une des raisons pour lesquelles nous associons la volupté et la mort.

Voilà encore un autre chapitre… La volupté et la mort sont associées, et comme la volupté, depuis des siècles – par les chrétiens surtout –, a été vue comme coupable, la mort porte la culpabilité de l'attente de la volupté ou de la recherche de la volupté. C'est très important cette association volupté et mort, de laquelle se défendent tant de personnes, près de ceux qui vont mourir et qui eux n'en sont pas tristes ! Ils acceptent leur mort. Il y a beaucoup de gens qui accepteraient d'autant plus leur mort que les autres ne se sentiraient pas coupables devant le plaisir qu'ils ont à en parler. Or lorsque quelqu'un vous dit : « Tu sais, je vais mourir », on répond : « Veux-tu ne pas dire de bêtises ! »

Pour tout le monde, parler de la mort, ce sont « des bêtises ». Pourquoi ?

Les animaux ne peuvent pas parler, du moins pas à nous, et il semble qu'ils ne prévoient pas la mort, sauf quand elle imminente. Ils prévoient les dangers, et on en a la preuve : les cachalots, par exemple, lorsque va arriver un raz-de-marée, se sauvent dans les jours qui précédent, alors que scientifiquement on ne peut pas encore le prévoir ; eux l'ont prévu, puis ils reviennent dans leurs boxes, dans ces centres de recherche qui existent aux États-Unis. Au début, on ne comprenait pas, on essayait de les retenir ; mais on sait maintenant que, quand ils sortent, c'est qu'il va y avoir quelque chose de dangereux. Mais la mort, il ne semble pas que les animaux la prévoient, sauf au dernier moment, et sauf quand ils ont, comme dans les abattoirs, les perceptions de la mort des autres. De même, les pêcheurs sous-marins savent que si on blesse un poisson, tous les autres vont s'en aller, ils ont le sens de la blessure, comme nous, ils se défendent de la blessure, mais de la mort elle-même, je ne crois pas du tout.

J'ai même vu ce spectacle, qui n'a pas lieu tous

les ans et qui est connu des gens du pays – en Bretagne, au Croisic –, des nuages de papillons qui vont vers la mort… Alors ils partent vers le grand large, c'est le bout du monde, la presqu'île du Croisic, ils volent, ils volent, ils volent jusqu'à tomber – plouf – presque tous ensemble dans la mer. Ils vont vers la vie, et il se trouve que cela les mène à la mort, mais ils sont en plein dans la vie en s'en allant. Mais, comme disent les entomologistes, pour que la vie de l'espèce continue, il est nécessaire de faire des coupes sombres dans cette espèce, et ils en font partie.

Notre organisme lui-même est fait de quantités de petits êtres vivants qui vont à la mort, drôlement et joyeusement : je parle de nos globules blancs et de nos globules rouges. Peut-être sommes-nous les globules blancs d'une espèce, alors que nous nous prenons pour des gens très importants ; et chaque globule rouge et chaque globule blanc se prend peut-être aussi pour quelqu'un de très important.

Il semble que ce n'est pas du tout la mort qui soit crainte, puisque pour l'inconscient ça n'existe pas, et que nous ne craignons que la souffrance, la décrépitude et aussi la séparation des êtres que nous aimons. Mais la séparation d'une partie de notre corps, quoi qu'il soit arrivé dans notre vie, a toujours pu être non seulement surmontée en acceptation, mais surmontée en sur-valeur et en découverte nouvelle de nos possibilités de communication, sur un autre plan quand un mode de communication nous est supprimé.

Tant qu'il y a de la vie, il y a de l'espoir de communiquer avec les autres

Voilà déjà comment nous pouvons approcher les phénomènes de la suppression des échanges, par ces morts partielles qui sont toujours surmontables : « Tant qu'il y a de la vie, il y a de l'espoir », comme dit le proverbe, et c'est tout à fait vrai. Mais l'espoir de quoi ? L'espoir de communiquer avec les autres ! Et c'est pour cela que, quand quelqu'un vous parle de sa « peut-être mort », qu'il ait tort ou raison, il faut l'écouter. Sûrement, nous mourrons tous, donc on peut lui dire cela, qu'il ait tort ou raison par rapport à la rapidité du processus, et par rapport aux connaissances médicales et chirurgicales qui sont les nôtres actuellement. On peut lui dire peut-être que les médecins ne pensent pas que sa mort soit si imminente, et que personne ne peut savoir. En tout cas, il faut écouter : « Oui… » Et alors, simplement cela, c'est énorme. Quand quelqu'un dit : « Tu sais, je crois que je ne vaux pas cher, je n'en ai plus pour longtemps », on peut répondre : « Peut-être… et alors, parle-m'en un peu, qu'est ce que tu veux dire par là ? », au lieu de dire : « Ne dis pas de bêtises ! », ou bien : « Mais non, mais non » et de lui donner une petite pilule de plus pour l'abrutir. Cette écoute est quelque chose que nous ne devons pas retirer aux êtres que nous estimons. Je ne parle pas de ceux que nous aimons. C'est difficile pour ceux que nous aimons car nous, nous mourons en partie avec eux, et c'est justement ça le travail : d'accepter cette souffrance d'une réalité possible, là, pour nous, qui va être la séparation d'avec un être cher, la séparation physique. Mais si nous comprenons que, quelle qu'ait été la séparation, il y a toujours une continuation de communication avec les êtres aimés, entre des êtres qui se sont aimés – l'un est déjà mort et l'autre pas encore –, eh bien la communication continue, en tout cas du côté du vivant. Peut-être se trompe-t-il, mais elle continue. Non seulement elle continue, mais elle donne à ce vivant, si vraiment il a donné pleinement le droit de mourir à celui ou à celle qu'il aimait, une espèce de résurgence de force qui vient de la confiance dans la vie, qui avait été enrichie par le bonheur d'aimer ce vivant quand il était vivant, et de continuer à y penser avec amour, en ne sachant pas où il est, en sachant qu'il ou qu'elle est parti(e) dans le lieu où nous sommes attendus aussi. Il est en avance sur nous, c'est tout. Et lui donner cette liberté, lui donner ce droit d'être parti plus tôt…

C'est très utile ce que je vous dis, par exemple pour les mères qui ont perdu un enfant jeune, et qui n'acceptent pas que cet enfant ait continué de se développer. Il reste toujours « le petit frère ». Je ne sais pas si vous avez remarqué : le petit frère, c'est un enfant qui était l'aîné, ou le second, ou le troisième. Il y a peut-être un autre ou cinq enfants après, mais ce mort, il est « le petit » parce que la photo de son corps le montre à deux ans, à quatre ans, et que les autres grandissent. Alors on dit : « C'est le petit frère », au lieu de dire : « C'est ton frère aîné qui est parti, qui est mort. » On ne dit pas cela, on dit des mots qui édulcorent, on dit : « Il est parti. » Un père meurt, une grand-mère meurt, et on dit à un enfant : « Il est parti, elle est à l'hôpital » ; alors ça traîne : « À l'hôpital, on n'a pas le droit de voir sa grand-mère, comment ça se fait ? » Nous arrivons à des situations où, au lieu d'une vie symbolique enrichie chez ceux qui sont restés ou chez ceux qui sont nés après ce mort, c'est au contraire une vie symbolique tout à fait appauvrie. Cela aussi nous avons à le savoir : si nous avons souffert d'un deuil, cela fait partie de l'histoire de la famille et de ceux qui naîtront après, ça leur appartient car ce mort qui a vécu fait partie de la richesse vivante, symbolique de la famille, et il ne s'agit pas de le laisser comme un petit parce que son corps était petit, si c'était un jeune enfant quand il est mort. Dire : « Ton frère aîné », et ne jamais donner le nom de cet enfant mort à un autre. Vous savez sans doute que c'est de cela qu'a tellement souffert Van Gogh. Il serait certainement devenu peintre, mais il n'aurait pas souffert comme il a souffert s'il n'avait pas vu son nom sur une pierre tombale toute son enfance, sans qu'on lui parle de ce frère aîné.

Car il faut parler des morts, il faut parler de la mort quand nous nous sentons menacés. C'est pour cela que j'ai accepté cette gageure, ce soir, de vous parler de ce que je ne connais pas plus que vous et qui, au dernier moment, lorsque cela arrivera, si je m'en aperçois, me fait peur comme à tout le monde, mais qui en ce moment se ramène à la douleur que j'ai eu de perdre le compagnon de ma vie, mais en même temps avec cette totale certitude qu'il a échappé à la communication et qu'il a continué son chemin, qu'il est ailleurs, dans l'ailleurs où je me réjouis de le retrouver, j'espère bientôt, bien qu'actuellement je sois en bonne santé. C'est tout de même curieux de penser que nous sommes tous là, et que parmi nous – je souhaite que ce soit moi puisque je suis parmi les plus âgés ici – bientôt, certains auront la joie, l'honneur, le bonheur d'enfin savoir ce qu'il y a de l'autre côté. Depuis que nous sommes nés, c'est fantastique d'être sur terre, en ne sachant pas ce qu'il y a après ! Vous n'êtes pas comme moi, avec une curiosité extraordinaire ? Non ? Moi, si ! J'ai une curiosité vraiment extraordinaire de ce que cela sera comme si j'étais un fœtus qui attend de naître, absolument ça. Je pense que quand j'étais fœtus – j'étais la quatrième, les autres grouillaient et avaient l'air de s'amuser beaucoup –, j'avais tout à fait envie d'aller voir ce que faisaient ces trois frères et sœurs avant moi, j'étais très pressée, et j'ai toujours été très pressée de savoir ce qu'il y a après. Et c'est la même chose pour la mort : savoir ce qu'il y a après.

Évidemment, j'ai peut-être, comme tout le monde, très peur du vieillissement, très peur de n'avoir plus les moyens de communiquer. Je suis désolée quand je vois que je perds un peu la mémoire, surtout celle des noms – c'est un commencement de vieillissement – et je me dis : « Qu'est-ce que je gagne en échange ? » Pas beaucoup, je trouve. J'espère qu'il y a quelque chose que je gagne en échange, je ne sais pas, mais comme théoriquement je le pense, alors je me dis : « Ça doit être vrai. » (*Rires.*)

« On ne meurt que quand on a fini de vivre »

J'aimerais maintenant vous dire comment on peut répondre aux premières questions des enfants concernant la mort. Il y en a eu beaucoup quand mes enfants étaient petits, parce qu'on était en plein dans la période de la guerre : il y en a un qui est né pendant la guerre[10], il y avait des morts tout le temps pendant les bombardements, et il posait des questions : « Alors, la bombe atomique, on peut mourir comme ça, tout de suite, toute la ville, tout Paris... ? » jusqu'aux endroits qu'il connaissait. Alors j'ai dit : « Oui. » Et cette chose extraordinaire qui m'a été dite par cet enfant de trois ans – il était déjà à la première maternelle et c'est à l'école qu'on en avait parlé : « C'est vrai », tout ce qu'on avait dit était vrai. On était vers midi, il revenait de l'école, et il aurait voulu que je lui dise que ce n'était pas vrai... « Alors ça peut arriver comme ça ?... avant le déjeuner ? après déjeuner ? » Et j'ai dit : « Oui, ça arrive comme ça, comme chez les personnes chez qui c'est arrivé à Hiroshima... »

« Oh ben, j'aime mieux que ça arrive après déjeuner ! » et on en n'a plus parlé.

J'ai admiré cette force, cette richesse de rebondissement : « J'aime mieux que ça arrive après déjeuner ! – Tu as bien raison. On va déjeuner. »

C'est ce même enfant qui, ensuite, ne voulait manger que des animaux morts, et il annonçait à tout le monde : « Ce soir, c'est du lapin mort, du poulet mort, du bœuf mort. » Cela a duré pendant deux ou trois mois : « Il est mort ? » « Oui, il est mort. » « Ah bon, alors on peut le manger. » Il y avait certainement une espèce de petit relent de plaisir cannibalique dont il fallait qu'il se prive, quand il mangeait quelque chose, et il fallait être sûr que ce soit mort car il savait que, lorsque les animaux étaient morts – et les personnes la même chose –, ils ne sentaient plus rien du tout, alors il pouvait se payer la volupté de bien manger, c'était du mort. C'est un gourmand, il l'était déjà, c'est étonnant !

Je vous donne ces exemples parce que les enfants vous posent des questions et vous enseignent à ce propos.

Un autre exemple : c'étaient les deux frères qui parlaient, et c'est le même enfant, Grisha, quand il avait quatre ans et demi ou cinq ans, qui a su répondre à son aîné de six ans, Jean[11], en plein Œdipe, et se disant sans doute : « Si papa pouvait mourir », occupé à nouveau de la mort, le grand-père étant mort peu de temps auparavant, en en parlant tous les deux et me disant : « Maman, comment c'est après la mort ? » Je faisais semblant de m'occuper beaucoup et de ranger des affaires autour d'eux, je ne savais pas du tout quoi répondre, et j'attendais d'avoir une illumination... et avant cette illumination, le petit frère dit : « Eh ben, Jean, qui vivra verra ! » L'autre dit : « Tu entends, maman. Mais enfin Grisha, justement, quand on sera mort, on ne vivra plus ! » Je les regarde tous les deux et je n'ai pas eu un mot à dire. Grisha a réfléchi et a dit : « Eh ben, Jean, qui mourra, verra ! » Et Jean de répliquer : « Il prend les choses comme ça, lui ! » Je dis : « Pourquoi pas ? Je crois que ton grand-père les a prises de la même façon. – Ah ben, c'est vrai, il était venu déjeuner le jeudi, puis il est mort le vendredi ; ah ben oui..., ah ben oui... » Du coup, ils ont demandé si on pouvait aller sur la tombe du grand-père, ce n'était pas le moment, mais j'ai dit : « Oui, on va y aller dimanche. » Et nous y sommes allés. Il y a eu un petit rituel par rapport au grand-père, et une espèce de sérénité est venue du plus jeune. C'est vrai d'ailleurs, et il faut croire que nous pensons comme ça puisque, avant de guillotiner quelqu'un, on lui fait fumer une cigarette et on lui donne ce qu'il veut, le repas qu'il veut ; il faut croire que d'aller à la mort en ayant bien mangé, c'est mieux pour tout le monde !

Voilà comment travaille l'inconscient des gens. Les représentations de souffrance, on essaie de les éviter par un *ici et maintenant*, si on peut, le plus voluptueux pour ce qu'on peut avoir à ce moment-là de la vie. Je crois que c'est une très bonne leçon parce que, tant que nous sommes dans la vie – nous n'avons, pour préparer notre mort, que cette vie –, qu'elle soit au moins, jusqu'au dernier moment où nous sommes conscients, une vie remplie d'échanges avec les autres, puisque ce sont les échanges qui font que la vie a du sens. Sinon notre vie n'aurait aucun sens, si ce ne sont pas les autres qui nous donnent preuve que nous sommes vivants en nous aimant, et nous, preuve que nous sommes vivants en aimant les autres, et en ayant des échanges avec eux. Et quand je dis « les autres », il n'y a pas que les humains, il y a aussi les animaux, les végétaux, le monde cosmique, les idées... tout ce qui est échange et rebondissement de vie, en communiquant, avec les autres, ses sentiments, ses angoisses, ses joies, ses peines, et en partageant avec les autres tout ce qu'il y a comme fantasmes autour de cet inconnu. Il n'y a pas que la mort qui soit inconnue, tellement d'autres choses nous sont inconnues. Il est évident qu'en parlant, en mettant des paroles sur nos incertitudes, nos inconnues et nos angoisses, nous nous soutenons les uns les autres sur cette drôle de planète où nous avons bien voulu nous incarner – nous ne savons pas pourquoi, pas plus moi que vous. Je suis convaincue, pour ma part, que cela a un sens, et ce sens, nous ne pouvons le trouver qu'en parlant les uns avec les autres, et qu'en nous entraidant, nous qui sommes peut-être les papillons d'une espèce, les globules d'un sang – on ne sait pas de qui, de quoi –, mais nous avons à mourir après avoir pleinement vécu jusqu'au dernier moment. C'est cela vivre, avec cette limite qui donne sens à la vie, et sans laquelle la vie n'aurait pas de sens. C'est cela que nous avons à dire aux enfants.

Les enfants disent : « Quand est-ce que je mourrai ? » ou : « Quand est-ce qu'on meurt ? » Quelquefois c'est un impersonnel, ils ne disent pas tellement « je », mais « tu », ou encore : « Quand toi tu mourras ? » ou : « La grand-mère quand est-ce qu'elle va mourir ? » C'est d'ailleurs comme cela qu'ils aiment une grande personne, c'est en sachant qu'elle va mourir, et on est très gêné parce qu'on croit que ce n'est pas gentil quand un enfant dit à une personne âgée : « Tu vas bientôt mourir ? » C'est au contraire qu'elle est près d'un savoir, et ce n'est pas du tout méchant pour un enfant, c'est le signe pour lui qu'il comprend que la vieillesse approche d'un mystère qu'il a connu avant de naître, que cette personne va bientôt connaître puisqu'elle est âgée, et que c'est naturel pour un enfant – ça semble naturel, même aux adultes, de mourir âgé, avec une vie bien remplie. Ce qui est tout à fait bouleversant, se sont les morts qui nous paraissent prématurées.

Alors, la parole royale à répondre aux enfants

est : « On ne meurt que quand on a fini de vivre », ça a l'air d'une lapalissade, mais je vous assure que cette lapalissade, qui est de la vérité, est une vérité qui rassure totalement les enfants qui passent par le moment d'anxiété de la mort. « Mais alors, comment est-ce qu'on sait qu'on a fini de vivre ? » et c'est là qu'il faut dire : « Il n'y a pas de “on”, “on” ne sait pas, mais la personne qui va mourir, elle, le sait dans son cœur, comme elle l'a su le jour où elle devait naître, de la même façon. Avant de naître, tu avais peut-être peur de naître mais, tu vois, tu es né. Avant de mourir, c'est pareil : nous avons peut-être tous peur de mourir, mais c'est comme lorsque nous avions peur avant de naître, et puis tout a été transformé après. » Et s'il y a des bébés qui meurent à la naissance, si les enfants l'apprennent : « Eh bien, tu vois, chez eux, ils ont eu vite fait, ils sont déjà de l'autre côté avant d'avoir eu la peine de vivre, de vieillir, de mourir, mais leurs parents qui les attendaient sur la terre, vivants, grandissants, leurs parents ont eu de la peine, oui, mais eux, peut-être qu'ils ont tellement vite fini de vivre qu'ils vont aider toute la famille. »

C'est pour cela qu'il faut qu'un enfant mort fasse partie de la famille pour les enfants vivants, non pas en tristesse mais en vie symbolique ; il soutient les vivants parce qu'il en fait partie, définitivement, du fait qu'il a été aimé pendant quelques mois de gestation, ou quelques mois jusqu'à sa naissance, ou même quelques mois de vie. Ce n'est pas la vie physique ni même les petites mines que le bébé a pu faire qui sont importantes, c'est que c'est un être humain, qui avait pris corps de deux êtres qui s'étaient aimés, qui s'étaient en tout cas étreints de désir, et que son désir de vivre l'a conduit à un certain chemin avec ce corps, qui s'est terminé très vite. Il avait fini de vivre avant que personne ne s'en aperçoive, et c'est la réponse qui rassure tout enfant quand vous lui dites : « Sois tranquille… Tu le sauras, toi, quand tu auras fini de vivre. »

Et c'est vrai que chacun de nous le saura, quand il aura fini de vivre. Les autres diront qu'il est mort, mais celui qui meurt, il meurt de tellement vivre qu'il n'y a plus de quoi, parce qu'il a tout usé à lutter pour survivre. Il arrive au maximum de l'épuisement de lutter pour vivre, et c'est vrai. C'est ce qui se passe chez chacun de nous, cette lutte pour survivre, dans laquelle tout est usé de ce que sont les forces de notre corps, et qu'alors, peut-être, nous touchons au Réel que nous ne pouvons pas connaître dans un corps, dans le temps et dans l'espace. Le Réel est hors temps et espace. Il est abordable par l'art, quel que soit cet art : la musique, la peinture, l'architecture, la danse. Il est abordable dans des moments de grâce extraordinaire, où l'on éprouve quelque chose de l'ordre d'une beauté, d'une découverte inconnaissable dans notre chair habituelle. Je pense que c'est de cet ordre-là, le Réel, que je vous souhaite à tous de découvrir après une vie bien terminée, et aidée jusqu'au bout à pouvoir se parler avec ceux qui nous entourent le jour où nous penserons en parler, et où nous aurons, en effet, le plaisir d'avoir un interlocuteur qui voudra bien en parler.

Le sentiment de mort

C'est important pour les psychologues qui reçoivent des gens soi-disant déprimés, et qui disent : « Ma vie n'a plus de sens... » Demandez-leur : « Mais alors, pourquoi survivez-vous ? Qu'est-ce qui vous fait vivre puisque vous dites que c'est tellement triste de vivre ? Qu'est-ce qui vous fait vivre ? » C'est très important de les faire parler du sentiment de mort qu'ils ont, et c'est comme cela que vous les aiderez à en sortir, ce n'est pas du tout en remontant le moral des gens. Remonter le moral, c'est tout le contraire. Le déprimé pensera : « C'est un vivant, il vient me remonter le moral », comme s'il était un petit, et que la maman allait lui donner le biberon. Pas du tout. Ce dont les gens déprimés ont besoin, c'est qu'on leur dise : « Mais qu'est-ce qui vous fait alors préférer survivre ? Pourquoi survivez-vous ? » Et c'est comme ça que nous les aidons, de proche en proche, par une psychothérapie quand ils viennent nous voir. Je parle des psychothérapeutes. Les médecins organicistes donnent des médicaments vétérinaires à un corps fatigué, à un corps déprimé, car il y a deux choses dans un être humain : le côté vétérinaire, la pauvre bête qui se traîne et qui n'a plus le courage de vivre – nous sommes des pauvres bêtes, nous sommes aussi des mammifères –, mais celui qui parle, qui échange avec un autre, veut rencontrer quelqu'un qui lui dise : « Pour qui vivre ? Pour quoi ? Pour aimer qui, si vous ne vous aimez pas, même lorsque vous êtes épuisé ? » Il y a des gens qui ne prennent pas les médicaments que leur donne leur médecin, pourquoi ne les prennent-ils pas : « Je n'y crois pas. – Alors, à quoi croyez-vous ? » Ils ne savent pas. Ils croient qu'en parlant de leur dépression, en contaminant de dépression le voisin, ils vont trouver la vie belle. Cela, c'est important aussi parce que nous savons que l'inconscient ne connaît pas la mort, l'inconscient ne connaît pas la dépression. Qu'est-ce alors qu'une dépression ? C'est une régression pour manipuler quelqu'un d'autre, même en nous-même, quelqu'un d'introjecté en nous, qui est là à nous manipuler, à nous badigeonner le nombril, ou à sucer notre pouce – ce qui est une autre manière de se masturber, moins régressive que de faire croire qu'on a un cordon ombilical qu'on va réveiller, ou qui va nous articuler sur quelqu'un d'autre. D'où l'importance du : « Qu'est-ce qui vous fait vivre ? Moi je ne peux que vous parler de ce qui vous fait vivre alors que vous voulez me parler de tous vos malheurs. Ces malheurs, ils sont là, ça ne changera pas d'en parler, mais ce qui peut changer, c'est que vous parliez de ce qui fait que vous survivez à tout cela car, en effet, il y a de quoi mourir trente-six fois, alors pourquoi vous ne mourez pas ? » C'est comme ça qu'on peut aider les gens.

Donc, les enfants, c'est en leur disant : « Tu ne mourras que quand tu auras fini de vivre », et les gens déprimés qui parlent à tort et à travers de leur mort pour faire de l'effet aux bourgeois autour d'eux, il faut leur dire : « Pourquoi survivre ? En effet, pourquoi ? »

Pourquoi ne pas faire comme les papillons, qui vont se tuer, si vraiment ils sentent en eux que toute l'espèce est épuisée. Qu'est-ce qui fait vivre ? C'est là qu'il faut réveiller dans quelqu'un le réel et le symbolique, au lieu qu'il soit tout à fait plongé dans un imaginaire, et qu'il se gargarise d'imaginaire pour essayer, comme à une époque où il était petit, de ressembler à quelqu'un qu'il avait vu ou faire pitié à une maman. Ça ne sert à rien.

Je ne vois pas quoi vous dire d'autre. Je voudrais maintenant répondre à des questions car je n'ai pas prévu de vous dire autre chose.

DISCUSSION

Question : *Tu dis que l'inconscient ne connaît pas la mort, et pourtant nos rêves sont plein de cadavres, d'enfants morts, on zigouille sa femme...*

F.D. : Oui, mais ils sont pleins de la mort des autres, ils sont pleins du « donner la mort », et ça, c'est de l'agression. C'est comme tout à l'heure : « manger du lapin mort », c'est aussi de l'agression, c'est prendre du plaisir sur quelqu'un qui ne souffre pas trop. Donner la mort, c'est de l'imaginaire, mais je ne suis pas venue ici pour cela.

Ce dont nous parlions, c'est de la mort de quelqu'un, de la réalité de la mort pour soi, et non des fantasmes d'agressivité, du western où tout le monde est payé. C'est intéressant avec les enfants, quand ils regardent les actualités, ils prennent ça pour des westerns : « Quelle différence ? – La différence, c'est que dans les westerns ils sont payés pour faire ça, et que les autres ne reviendront pas, leur femme ne les reverra pas, leurs enfants ne les reverront pas. » C'est comme ça qu'on peut faire comprendre à un enfant la différence, mais il est certain que les humains ont besoin de jouer avec la vie, en donnant la mort et en jouant à être mort. Tous les enfants jouent à être morts et à donner la mort. Justement parce qu'ils sont dans la vie, et ils ont tout à fait raison parce que c'est en donnant la mort imaginaire que la vie, dans sa réalité, prend tout son sens, toute sa verdeur, seulement c'est une mort imaginaire. « Pan ! pan ! je te tue. – Ah, ça y est, je suis mort ! » Ils sont ravis. Et on continue à parler : « Je suis mort ! » Et si on disait : « Veux-tu pas faire ça, c'est mal ! », on ôterait à ces enfants le plaisir de vivre. Le jeu, ce n'est pas la réalité.

Nous aimons jouer dans notre sommeil avec des sentiments d'agressivité que nous n'utilisons pas suffisamment dans la vie. C'est pour ça que nous sommes très contents. Les rêves de zigouiller l'autre, peut-être que j'en ai mais je les refoule tellement que je ne m'en souviens pas.

Ce sont nos pulsions de vie qui font ça, comme les enfants ; l'inconscient ne veut pas pour autant mourir, au contraire, c'est pour mieux vivre qu'il donne la mort, c'est pour jouer.

La volupté du moment de la vie-mort, nous l'avons éprouvée en naissant, cette menace de mort suivie de cette explosion d'une nouvelle vie, inconnue totalement dans la vie fœtale et tout d'un coup, connue dans la vie-nourrisson par l'explosion respiratoire, la liberté. D'ailleurs, le symbole de la liberté c'est respirer à fond, la lumière et l'air, c'est vraiment ça. Si on veut le représenter dans une image, c'est quelqu'un qui ouvre les volets à la joie, la récréation, sortir de la classe, pour tous les enfants, aaahhh ! Comme ça pour tout le monde. Ça, c'est la liberté, enfin, ce que nous avons éprouvé, mais nous l'avons éprouvé parce que, juste avant, nous étions tellement coincés, on en avait marre et il fallait sortir ! C'est comme ça, l'expérience de la vie a été précédée de l'imminence de la mort que la vie a sauvée, mais une vie inconnue avant. Ce que les enfants cherchent tout le temps, c'est l'inconnu qu'ils ne connaissent pas encore, et c'est pour ça qu'ils jouent avec la mort, et qu'il faut les laisser jouer avec la mort. C'est particulier aux garçons, plus qu'aux filles ; les filles jouent avec la vie et les garçons avec la mort, mais c'est exactement pareil. Elles ont soi-disant des bébés, et des bébés, et des bébés, elles se divisent, comme ça, en parturition de bébés, et les garçons c'est : « Pan ! pan ! pan ! » Tous leurs copains, ils les font mourir, et ils sont tout contents de les retrouver après, bien vivants, et ça recommence cinq minutes après. Mais ça, c'est nous dans nos rêves, mais c'est pas nous dans notre être, dans la réalité.

Q : *Tu as parlé, après la mort, d'un lieu où l'on est attendu ?*

F.D. : « On » ? Certainement pas « on », mais « je », chacun de nous, « je », où « je » suis déjà et qui m'attend, « moi-je » qui ne suis pas encore tout à fait.

Q : *Ce lieu, c'est de la croyance ou de la psychanalyse ?*

F.D. : Ça, c'est de la croyance. Je l'ai dit d'ailleurs, je crois. Je n'ai pas dit que c'était de la psychanalyse, mais rien ne nous l'interdit, étant donné les expériences que nous avons de la psychanalyse, et que j'ai dites sur les morts successives par partition de notre corps. Aucune de ces partitions ne fait mort pour le sujet, sauf si la tête est séparée du corps, et il n'en est au contraire que plus vivant d'avoir dépassé l'épreuve de cette mutilation et de cette privation de motricité. Chez les quadriplégiques[12] par exemple, leur corps n'est pas mutilé, mais ils n'ont aucune possibilité de le mouvoir. Eh bien, leur intelligence et leur affectivité sont à un maximum, qu'ils n'ont pas connu quand ils avaient leur motricité ; le sujet est dans une alacrité de relation extraordinaire.

Q. : *J'aurais souhaité que vous parliez du héros.*

F.D. : Vous savez, quand on a connu des gens qui se sont comportés en héros – j'ai eu l'occasion d'en voir un ou deux –, eh bien ils disent que c'est parce qu'ils étaient des froussards. Il y en a un qui m'a dit ça, comme ça : « J'avais tellement peur, je chiais dans mon froc, et je me suis lancé en avant parce que j'avais tellement peur d'être lâche et de reculer ! » Beaucoup de ceux qui se sont comportés en héros ont été mus par le sujet qui ne voulait pas se soumettre à la peur vétérinaire du corps, le sujet a été exalté par cette menace de mort de sa dignité, mais ce n'était pas du tout pour être héros, et il sentait que l'acte héroïque qu'il avait fait, il l'avait fait poussé par les événements, il ne pouvait pas faire autrement, ce n'est pas du tout conscient d'être héros. Peut-être que c'est conscient chez les kamikazes, mais alors ce ne sont pas des adultes, ce sont toujours des gens très enfantins, ou alors ce sont des fils uniques en révolte contre la couvade dont ils ont été l'objet, de la part de parents de fils unique. C'est comme ceux des corps francs[13], quand au début, on demandait des volontaires pour une opération dont l'officier savait qu'il y aurait une grande casse, les gens qui se proposaient – j'ai parlé avec l'un d'eux – étaient toujours des jeunes, dont la motivation était de se sauver de quelque chose dont ils n'étaient pas fiers. Je crois que le héros, c'est ça.

Je ne sais pas si vous avez lu ce fait divers : un très grand accident de chemin de fer, en Angleterre, il y a une trentaine d'années. Et il y a eu une jeune fille qui a été extraordinaire, qui a sauvé énormément de monde, et dont on a parlé dans le journal. On disait que personne ne s'en doutait, car d'après la description qu'on en faisait, elle était extrêmement névrosée ; c'était une jeune fille tellement timide, elle ne parlait à personne, elle était toujours solitaire, on la croyait même un peu dérangée dans le village où elle était. Quand l'accident est arrivé, elle a été la personne qui a alerté, qui a empêché que ça s'aggrave, qui a sauvé des gens, qui a été complètement dans la communication devant un accident qui avait paralysé le chef de gare et les personnes responsables.

Moi ça m'avait passionné cette histoire, parce que je me suis dit que c'était quelqu'un qui devait avoir énormément de fantasmes sadiques, inconsciemment, qui ne savait pas comment les vivre, et la réalité a apporté un sadisme terrible, alors elle a fait face à tout. Parce que les fantasmes sadiques, ce n'est pas de la méchanceté de quelqu'un, pas du tout, c'est quelqu'un qui a subi – peut-être au moment de sa naissance ou peut-être plus tard – des souffrances qui n'ont pas été parlées, et qui à cause de ça est obligé de les revivre, en développant plus tard comme une petite cicatrice qui devient très grande quand le corps se développe. C'est la même chose avec ces fantasmes d'agression que quelqu'un a subis, et qu'ensuite il fantasme dans sa vie quand il n'a pas eu la possibilité de faire de psychanalyse. Il est certain que cet événement a eu un effet psychanalytique sur cette jeune fille, qui lui a permis de catharsiser ses fantasmes, et alors d'être ce qu'elle était, c'est-à-dire un être très généreux qui voulait aider les autres. Les faits divers c'est passionnant, je trouve qu'il n'y en a plus assez maintenant dans les journaux. Il y en a peut-être mais, malheureusement, je ne lis pas assez de ces journaux-là, et quand j'en lis c'est quand je suis à la campagne, où on entend des faits divers ou bien on en lit dans les petites feuilles de choux.

Je me souviens de celui-là : c'était un monsieur qui était déprimé depuis seize ans, disait-on dans le journal – ça devait être à peu près vrai, bien qu'on brode dans les faits divers, c'était peut-être depuis six seulement, il y avait peut-être une faute de frappe ou peut-être qu'il avait une fille de seize ans... enfin l'histoire ne le disait pas. Il courait les médecins, était déprimé, et cassait les pieds à tout le monde avec sa dépression, et puis finalement il a voulu se suicider et il s'est mis sur les rails de train. Manque de pot, si je peux dire – c'est vrai il avait trop de pot. Résultat : il a laissé deux jambes et il était un homme-tronc. Eh bien on l'a transporté à l'hôpital, il a été sauvé, et alors ce monsieur disait à tout le monde : « Mais vous savez, les déprimés, faites-les écraser par le train, on est tellement heureux après ! J'ai deux jambes qui me manquent, mais comme je suis heureux de vivre, je ne savais pas qu'on pouvait être aussi heureux de vivre ! »

Voyez ce que je vous disais tout à l'heure, cette castration qui avait joué dans la réalité du schéma corporel, lui avait donné toutes les joies du monde. Après, il avait le droit de vivre, il avait risqué sa vie, il voulait mourir, et puis du côté de sa dépression plus rien du tout. Peut-être que c'est une recette pour les déprimés, le suicide manqué. (*Rires.*)

Vous savez qu'aux États-Unis, le suicide est un délit et donc, quand il est manqué, on est puni de trois à cinq ans de prison. (*Rires.*) Vous ne saviez pas ? C'est très important. J'ai appris ça par une Française qui, par amour, avait poursuivi un Américain puis, comme il ne voulait pas d'elle, elle s'était flinguée. Elle s'est malheureusement seulement coupé le chiasma optique[14], c'est-à-dire qu'elle était devenue aveugle. Et cette femme – mon mari a eu à lui faire passer l'examen de masso-kinésithérapeute, parce qu'elle avait pris ce métier-là devenue aveugle – racontait que, bien que citoyenne française, elle avait dû faire trois ans de prison – on a réussi à la sauver au bout de deux par l'ambassade de France –, et elle disait tout le bien qu'elle pensait de ce système. Elle n'était pas avec les droits communs mais avec les gens qui s'étaient ratés, et on leur disait que de tuer un citoyen humain, c'est tuer quelqu'un, même si c'est eux-mêmes, que tout le monde a besoin de tout le monde, et que de tuer quelqu'un c'est un acte criminel – que ce soit soi ou un autre. Et en même temps elle disait que ce qu'il y avait de merveilleux, c'est qu'on n'avait pas le droit de recevoir les visites, alors que certains criminels le pouvaient. Résultat : tout le pathos qu'il y a autour d'un suicide manqué, les copains, les amis, l'amoureux, tout ça, on n'en entend plus parler du tout, et quand on les revoit on se dit : « Mon dieu, pour ça, avoir risqué tant ! » Rien que de les avoir quittés, c'est une totale mutation pour l'être humain – un petit peu comme ces animaux dont je vous parlais tout à l'heure, qu'on a retournés tout d'un coup et qui, quand on les remet sur leurs pattes, courent vite, et c'est fini –, il ne pense plus du tout aux sentiments qu'il avait au moment où il a tout tenté en essayant de se suicider. Et alors eux, ils profitent vraiment de leur suicide, si je peux dire. Elle disait aussi qu'on voit, en France, des récidives de suicides manqués alors qu'on n'en voit pas aux États-Unis, parce que s'ils en font ils seront coupables. On ne voit pas, comme en France, des suicides manqués à répétition, parce que c'est un délit et que ces gens sont finalement soignés, qu'ils ont affaire à des éducateurs spécialisés.

Je ne vous parle pas au nom de tout le monde, je vous parle en mon nom. C'est quelque chose que je ressens très fortement, que nous avons à mériter notre mort, en vivant pleinement notre vie. Notre après-mort, nous avons à la mériter par la lutte quotidienne, pour aller au maximum de la communication pour laquelle nous nous sommes créés génétiquement, et justement la communication n'est pas supprimée par le vieillissement, par les mutilations, elle est mutée sur un autre niveau, et c'est ça qu'il faut affronter. C'est ce qu'en psychanalyse on appelle la « castration ». Nous avons l'expérience que toutes les castrations, quand elles sont acceptées, suscitent une vie symbolique plus riche. Alors, pourquoi pas celle-là aussi, quand nous naissons ? Le corps, médiateur dans le temps et dans l'espace, est déjà le médiateur de ce langage qui est une extraordinaire preuve de survie, puisque nous pouvons être influencés par quelqu'un qui a écrit il y a dix mille ans, dont on peut découvrir et décoder ce qu'il a écrit ; ou moins loin, l'influence d'un philosophe comme Socrate, par la médiation de Platon, est extraordinaire et le sera encore pendant des siècles. Ce qu'a symboliquement transmis quelqu'un, la parole, est le médiateur qui nous permet, à nous, d'avoir l'exemple d'un autre, et d'avoir aussi, par ses paroles, des pensées qui en sont héritières. La parole c'est autre chose que le corps, et la parole dans ses effets, si on peut décoder le sens des mots qui sont contenus, est déjà un exemple de survie après la mort physique. Je pense que c'est par ces moyens-là que nous pouvons aborder le sens de la vie, au-delà de la terminaison des échanges du corps qui s'appelle la mort, pour nous, et qui pour moi est de l'ordre de « être attendue ailleurs », comme le fœtus est attendu par ses parents au-delà de son asphyxie et de la naissance qui s'ensuit.

NOTES

1. F. Dolto fait allusion à l'ouvrage collectif publié sous la direction d'Octave Mannoni, *Des psychanalystes vous parlent de la mort*, Tchou, 1979.

2. Pour F. Dolto, « la première cellule se construit à partir de la mort des deux cellules parentales ». Cf. F. Dolto, *Le féminin*, Gallimard, 1998, « Sur la féminité ».

3. F. Dolto évoque à plusieurs reprises cette représentation de la mort qui reste attachée à cette partition pour l'enfant que constitue, à sa naissance, sa séparation d'avec le placenta. Des documents ethnologiques européens nombreux décrivent les rituels de traitement du placenta pour que cette séparation soit bénéfique. On lira sur ce sujet l'article de N. Belmont : « Les jumeaux et le double » dans la revue *Topique*, n° 50, Dunod, pp. 197-201.

4. Léon Chertok (1911-1991), médecin et psychanalyste, tenta de réhabiliter la pratique de l'hypnose, abandonnée par Freud et ses successeurs

5. La catatonie est un état de passivité, d'inertie motrice et psychique, alternant souvent avec des états d'excitation (*Le Petit Robert*).

6. F. Dolto distingue schéma corporel et image du corps : « Le schéma corporel spécifie l'individu en tant que représentant de l'espèce. Il est en principe le même pour tous les indi-

vidus (à peu près de même âge, sous le même climat) de l'espèce humaine. L'image du corps, par contre, est propre à chacun : elle est liée au sujet et à son histoire. Elle est éminemment inconsciente. » Cf. F. Dolto, *L'image inconsciente du corps*, chap. 1 : « Schéma corporel et image du corps », Le Seuil, 1992.

7. Pour F. Dolto, le Réel est « une instance dont nous avons l'intuition qu'elle existe, mais qui ne tombe pas sous le coup des sens ni n'est sertissable dans la vie symbolique. On peut connaître l'histoire de quelqu'un, on peut savoir quelque chose de lui comme sujet quand il parle, mais on ne sait pas qui est cette personne dans le Réel. » Cf. F. Dolto, *Solitude*, Gallimard, 1994, 381-396. Cf. aussi F. Dolto, *La foi au risque de la psychanalyse*, Gallimard, 1996, pp. 278-279.

8. Cf. Dr Th. Brosse, *La « Conscience-Énergie », structure de l'homme et de l'univers*, Présence, 1978.

9. La première Maison verte a été ouverte le 6 janvier 1979, à Paris, dans le XVe arrondissement. Près de deux cents Maisons vertes existent aujourd'hui, en Europe et dans le monde.

10. Grégoire Dolto, encore appelé Gricha, né en 1944.

11. Jean Dolto, « Carlos », né en 1943.

12. Paralysie neurologique des quatre membres.

13. Le corps franc est une formation ancienne de volontaires, levée pendant une guerre, dans des circonstances exceptionnelles (*Grand Larousse*). Il est probable que F. Dolto pense plus particulièrement aux corps francs, composés de Résistants, dont l'activité principale était le sabotage, et qui ont opéré de 1942 à 1944 dans la France occupée. Après 1944, ils ont été intégrés aux F.F.I. (Forces françaises de l'intérieur).

14. Le chiasma optique est l'entrecroisement des fibres des nerfs optiques venant de l'œil droit et de l'œil gauche (*Nouveau Larousse médical*).

INDICATIONS BIBLIOGRAPHIQUES

OUVRAGES DE FRANÇOISE DOLTO
PUBLIÉS AUX ÉDITIONS GALLIMARD

Articles et conférences :
1. *Les étapes majeures de l'enfance*
2. *Les chemins de l'éducation*
3. *Tout est langage*
4. *La difficulté de vivre*
5. *Le féminin*
6. *Une psychanalyste dans la cité. L'aventure de la Maison verte*

Essais :
Solitude
Sexualité féminine. La libido génitale et son destin féminin
Le sentiment de soi. Aux sources de l'image du corps

Entretiens :
1. *Destins d'enfants – Adoption, Familles d'accueil, Travail social* (Entretiens avec Nazir Hamad)
2. *Les Évangiles et la foi au risque de la psychanalyse ou La vie du désir* (en collaboration avec Gérard Sévérin)
3. *L'enfant, le juge et la psychanalyste* (Entretiens avec Andrée Ruffo)
4. *Les images, les mots, le corps* (Entretiens avec Jean-Pierre Winter)

Correspondance :

Lettres de jeunesse. Correspondance (1913-1938) (en collaboration avec Colette Percheminier), édition revue et augmentée, 2003

Françoise Dolto, une vie de correspondances, 1938-1988

Séminaire :

La vague et l'océan. Séminaire sur les pulsions de mort (1970-1971)

Archives de l'intime, dir. Colline Faure-Poirée, édition Yann Potin, textes de Françoise Dolto, Catherine Dolto, Muriel Djéribi-Valentin, Manon Pignot, Jean-Pierre Winter, Gallimard, 2008.

Dans la collection « Folio Essais » :

Les chemins de l'éducation

Les étapes majeures de l'enfance

Sexualité féminine. La libido génitale et son destin féminin

Solitude

Tout est langage

Ouvrages sur Françoise Dolto, hors collection :

Les deux corps du Moi. Schéma corporel et image du corps en psychanalyse, Gérard Guillerault.

Françoise Dolto, c'est la parole qui fait vivre. Une théorie corporelle du langage. Sous la direction de Willy Barral, et avec la participation de Marie-Claude Defores, Didier Dumas, Yannick François, Gérard Guillerault, Heitor O'Dwyer de Macedo, Juan-David Nasio.

Françoise Dolto, aujourd'hui présente. Actes du colloque de l'Unesco, 14-17 janvier 1999. Ouvrage collectif.

Le miroir et la psyché, Dolto, Lacan et le stade du miroir, Gérard Guillerault

AU MERCURE DE FRANCE

Dans la collection « Le Petit Mercure » :
L'enfant dans la ville
L'enfant et la fête
Parler de la mort
Le dandy, solitaire et singulier
Jeu de poupées
Père et fille. Une correspondance 1914-1938
Parler juste aux enfants (entretiens avec Danielle Marie Lévy)
Kaspar Hauser, le séquestré au cœur pur, suivi de *Kaspar Hauser* par Anselm von Feuerbach
Parler de la solitude

AUX ÉDITIONS GALLIMARD JEUNESSE

Paroles pour adolescents ou Le complexe du homard (avec Catherine Dolto, en collaboration avec Colette Percheminier)

CHEZ D'AUTRES ÉDITEURS

Le cas Dominique, Le Seuil, coll. « Le champ freudien », 1971 ; coll. « Points Essais », 1974
Psychanalyse et pédiatrie, Le Seuil, 1971 ; coll. « Points Essais », 1976
Lorsque l'enfant paraît, tomes 1, 2, 3, Le Seuil, 1977, 1978, 1979 ; tomes 1, 2, 3 reliés, Le Seuil, 1990
Au jeu du désir. Essais cliniques, Le Seuil, 1981 ; coll. « Points Essais », 1988
Séminaire de psychanalyse d'enfants, tome 1 (en collaboration avec Louis Caldaguès), Le Seuil, 1982 ; coll. « Points Essais », 1991

L'image inconsciente du corps, Le Seuil, 1984 ; coll. « Points Essais », 1992

La cause des enfants, Laffont, 1985 ; Pocket, 1995

Séminaire de psychanalyse d'enfants, tome 2 (en collaboration avec Jean-François de Sauverzac), Le Seuil, 1985 ; coll. « Points Essais », 1991

Enfances (photographies Alecio de Andrade), Le Seuil, 1986 ; coll. « Points Actuels », 1988

Dialogues québécois (en collaboration avec Jean-François de Sauverzac), Le Seuil, 1987

L'enfant du miroir, Françoise Dolto, Juan-David Nasio, Rivages, 1987 ; Payot, 1992

La cause des adolescents, Laffont, 1988 ; Pocket, 1997

Inconscient et Destins. Séminaire de psychanalyse d'enfants, tome 3 (en collaboration avec Jean-François de Sauverzac), Le Seuil, 1988 ; coll. « Points Essais », 1991

Quand les parents se séparent (en collaboration avec Ines Angelino), Le Seuil, 1988

Autoportrait d'une psychanalyste (1934-1988) (en collaboration avec Alain et Colette Manier), Le Seuil, 1989 ; coll. « Points Actuels », 1992

Thays.

FRANÇOISE DOLTO

Françoise Dolto, née Marette, naît à Paris le 6 novembre 1908. Études classiques. Thèse de médecine en 1939 : « Psychanalyse et pédiatrie ». Membre fondateur de la Société psychanalytique de Paris (1939), membre fondateur de la Société française de Psychanalyse, ensuite cofondatrice, avec Jacques Lacan, de la célèbre École freudienne de Paris.

En 1942, elle épouse Boris Dolto. Ils auront trois enfants (Jean Chrysostome dit *Carlos*, Grégoire et Catherine).

Françoise Dolto est mondialement connue pour ses travaux : séminaires, essais cliniques, communications, en particulier ceux qui traitent de psychanalyse d'enfants. Elle est une figure populaire depuis qu'elle a animé une émission quotidienne sur France Inter au cours de laquelle elle répondait en direct aux lettres des parents qui lui confiaient leurs problèmes d'éducation des enfants. La création de la première Maison verte (dans le XVe arrondissement de Paris) fait d'elle une pionnière : elle inaugure, sur le terrain, une initiation précoce de l'enfant à la vie sociale.

Françoise Dolto est décédée le 25 août 1988.

Réalisation Pao : Dominique Guillaumin

Achevé d'imprimer
par CPI - Hérissey à Évreux (Eure)
en octobre 2008.
Imprimé en France.

1er dépôt légal : mars 1998.
Dépôt légal : octobre 2008.
N° d'imprimeur : 109830

164862